(N° 277)

Vente du Jeudi 28 Novembre 1912

HOTEL DROUOT — SALLE N° 10

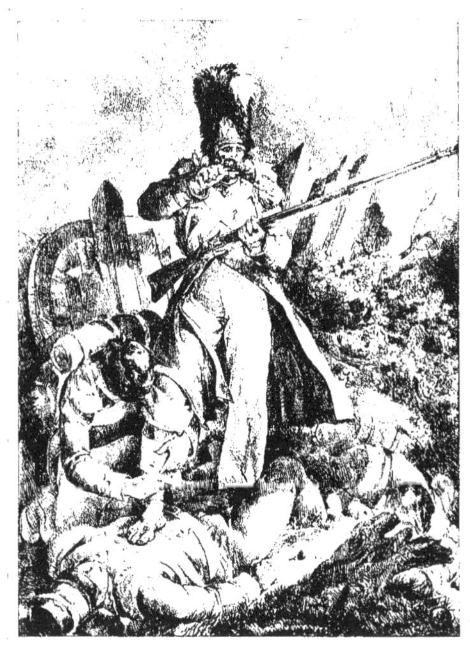

N° 14 du Catalogue.

Ire PARTIE

COLLECTION DE FEU M. DU VIGIER : *Costumes Militaires.*

IIe PARTIE

ESTAMPES RELATIVES A LA RÉVOLUTION ET AU Ier EMPIRE

Me ANDRÉ DESVOUGES — M. LOYS DELTEIL

FRAZIER-SOYE

GRAVEUR-IMPRIMEUR

153-155-157, Rue Montmartre

PARIS

CATALOGUE

D'

ESTAMPES

Ire PARTIE

COLLECTION DE FÉU M. DU VIGIER

COSTUMES MILITAIRES

IIe PARTIE

ESTAMPES RELATIVES A LA RÉVOLUTION

ET AU Ier EMPIRE

Dont la la vente aura lieu

à Paris, HOTEL DROUOT, Salle No 10

Le Jeudi 28 Novembre 1912

à 2 heures précises

Par le Ministère de Me ANDRÉ DESVOUGES,

COMMISSAIRE-PRISEUR

26, Rue de la Grange-Batelière

Assisté de M. LOYS DELTEIL, Graveur et Expert

2, Rue des Beaux-Arts

CONDITIONS DE LA VENTE

Elle sera faite au comptant.

Les adjudicataires paieront *dix pour cent* en sus des enchères.

M. Loys Delteil remplira les commissions que voudront bien lui confier les amateurs ne pouvant y assister.

MM. les Amateurs pourront visiter la collection, 2, *rue des Beaux-Arts*, du Jeudi 21 au Mercredi 27 Novembre 1912, de 2 heures à 5 heures *(le Dimanche excepté)*.

PREMIÈRE PARTIE

Collection de feu M. du VIGIER

COSTUMES MILITAIRES

ADAM (H. et Alb.)

1. L'Infanteria del Regno d'Italia — La Cavalleria del Regno d'Italia. Deux pl. se faisant pendants. Belles épreuves, *coloriées*.

ADAM (Victor)

2. Armée Française, 1844. Six pl. grand in-fol.

3. Cavalerie Française. Dix planches in-fol., *coloriées*.

4. Histoire de Napoléon, couverture et 9 planches.

5. Album Militaire — Souvenirs des Armées Françaises — Souverains et Princes, etc. 48 pl. (plusieurs *coloriées*).

6. Costumes militaires et batailles, 70 planches appartenant à diverses séries.

7. Sujets divers, Animaux, etc. 115 pièces.

AVRIL (J. J.)

8. Lazare ressuscité — La Magnanimité de Lycurgue — Pénélope et Ulysse. Trois pièces d'après Lesueur et Le Barbier, encadrées.

BANCE (à Paris, chez)

9. Cavalerie Impériale Française. Belle épreuve, *coloriée*. Rare.

BASTIN (F.)

10. Cavalerie Française, 1836-1840. Six pl. *coloriées* (sans marges).

BELLANGÉ (H.)

11. Ecole du Soldat, frontispice et 5 pl. — Sujets divers. Ensemble 39 pièces.

12. Scènes militaires et scènes de genre, 240 planches.

CHARLET (N. T.)

13. Napoléon au bivouac (9 R) — Hussard au galop.... (19 RRR) — Voltigeurs en tirailleurs... (21 RRR) — Poste avancé (24 R) — Déroute de Cosaques (26 R) — Colonne d'Infanterie en marche (27) — La Consigne (29 R) — Les Invalides à la pêche (30 R) — Cuirassiers chargeant (31 R). Onze pièces. Belles épreuves.

14. Lanciers au bivouac (22 RR) — Le Drapeau défendu (42 R) — La Mort du Cuirassier (44 RR) — Les Maraudeurs (49 RR) — Le Soldat Français (74 RR) — Cuirassier portant un drapeau (76 R) — Au Maréchal Brune (82 RRR) — L'Aumone (87 R). Huit pièces. Très belles épreuves.

15. Colonne d'Infanterie en marche (28 RRR). Belle épreuve. De toute rareté.

16. La Conversation (34 RR) — La Bienvenue (35 R) — Le Décrotteur (36 RR) — Les quatre Mendiants (37 RR) — Le Grenadier de Waterloo (38 R, 39) — Le Français après la victoire (43 RR) — La Mort du Cuirassier (44 RR). Huit pièces. Belles épreuves.

17. Invalide (46 RR) — Le Joueur de marionnettes (48 RR) — Le Grenadier manchot (51) — Mr Pigeon (53 R) — Les Prisonniers russes (54) — Prisonniers Autrichiens (55) — Le Vin de la Comète (56) — On dit... (59 RR) — Je boude avec les blancs (64 RRR), etc. Quinze pièces. Très belles épreuves.

18. Infanterie légère montant à l'assaut (66 R) — Siège de Berg-op-Zoom.... (67 RR) — Le Caporal blessé... (69 RR) — Courage, Résignation (68 RR) — Le Menuet (77 RR) — La Gamelle compromise (78 RR) — La Cuisine au bivouac (79 RR) — Delassement des Consignés (80 RR). Huit pièces. Très belles épreuves (une sans marges).

19. Vieillard montrant le portrait de Cambronne.. (81 RRR) — L'Instruction Militaire (83 RR) — Le Soldat musicien (84 RR) — Le Marchand de Dessins Lithographiques (85 R) — Les Maraudeurs (86 RR) — Je l'ai gagnée à Friedland (98 RR). Six pièces. Belles épreuves.

20. L'Invalide (88 RR) — A Moi les anciens (89 RRR) Appel du contingent communal (90 RR) — Les pénibles adieux (92 R) — Toi....! (95 RR) — Le Sergent Boniselle (103), etc. Onze pièces. Très belles épreuves.

21. Réjouissances pupliques (105 R) — Triomphe de la Religion (273-274) — Il m'en reste encore un pour la patrie (276) — Aux vieux grognards... (277) — Vous croisez la bayonette... (278-1er état) — Ecole du balayeur (279) — Je suis innocent !... (291) — Le Laboureur nourrit le soldat... (298) etc. Quinze pièces. Très belles épreuves.

22. Costumes militaires (110-126). Suite complète de 17 pl. rares. Très belles épreuves.

23. Dragon d'Elite (155) — Grenadier (156) — Grenadier et Dragon (202-203) — Garde Nationale (206, 207 R, 208) — Grenadier à cheval (361 RRR). Huit pièces. Très belles épreuves.

24. Ex-Garde (157-186). Suite de 30 pl. (manque la pl. 30), soit vingt-neuf pièces. Epreuves *coloriées*.

25. La Vieille armée Française (187-201). Suite de 12 pièces. Belles épreuves.

26. Infanterie légère Française : Carabinier — Voltigeur (204-205). Deux pièces. Belles épreuves.

27. L'Empereur et la Garde Impériale, 45 épreuves de divers tirages.

28. Scènes militaires — Costumes — Sujets divers. Cent pièces y compris 2 albums.

29-30. Sujets divers et Paysages, 390 pl. extraites des *Albums*. Deux lots.

31. Porte-drapeau de la Grande Armée, 2 bois grand in-fol. par Mainster.

CHARLET, RAFFET, BELLANGÉ, LAMI

32. Scènes de la Révolution de 1830. Dix-sept pièces la plupart en belles épreuves.

CHARON

33. Suchet — Lasalle — Poniatowski — Lannes — Cambronne. Cinq pièces (une *imp. en couleurs*, avec rehauts).

COSTUMES MILITAIRES — BATAILLES

34. Costumes Militaires et Civils. Quatorze pl. par Debucourt, De la Rue et Denon, une *coloriée*.

35. Costumes Militaires. 21 pl. par Chataignier, Lalaisse, V. Adam, etc. *coloriées*.

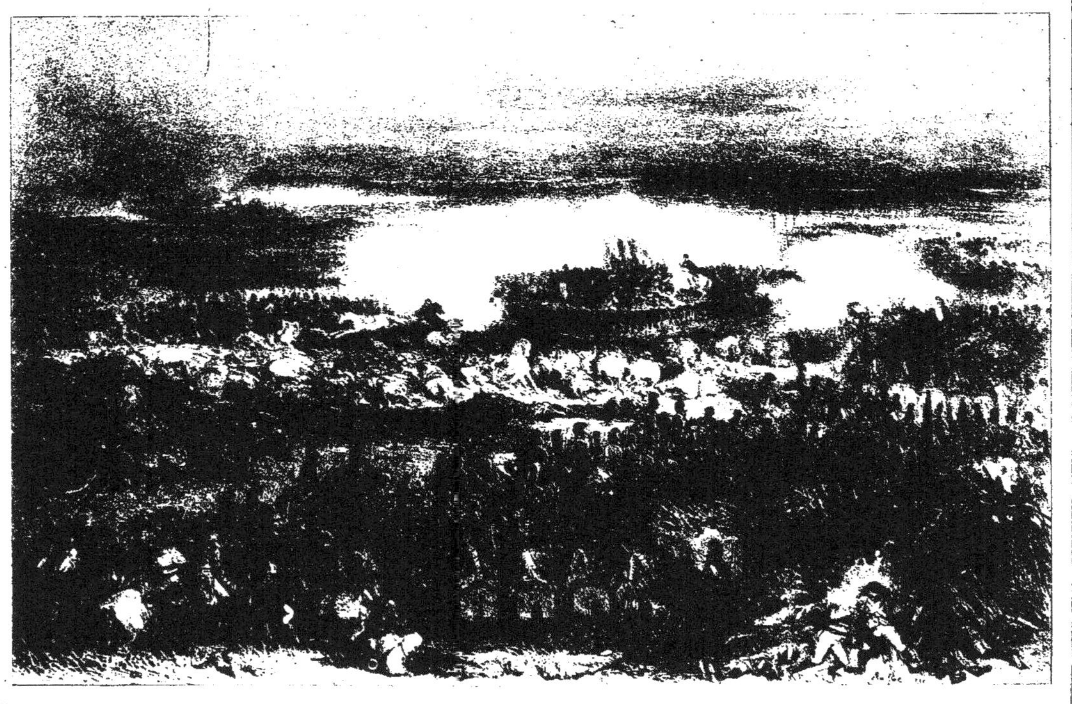

N° 50 du Catalogue.

36. Batailles et Combats. Vingt-trois pièces par Bellangé, S. W. Reynolds, etc.

37. Costumes Militaires divers, 40 estampes et dessins par Charlet, Bellangé, Lœillet, Lami, etc.

38. Costumes Militaires, par Aubry, Mès, Vernier, etc. 170 pl. en partie *coloriées*.

DEBUCOURT (P. L.)

39. Collection de Costumes, d'après C. Vernet (M. F. 347, 348, 351, 353, 354, 356, 358, 359, 365, 367, 371 à 374). Quatorze pièces *coloriées*, la plupart en belles épreuves.

DETAILLE (Edouard)

40. L'Etendard des Chasseurs d'Afrique, 1897. Très belle épreuve sur chine, *dédicace* à Giacomelli.

DRANER

41. Types Militaires, charges, 54 pl. *coloriées* (sauf 5).

42. Types Militaires, charges. Six dessins.

DUPLESSI-BERTAUX (J.)

43. Batailles, 36 pl. par D. Bertaux, Le Rouge, etc., la plupart à *l'état d'eau-forte*.

ECKERT et MONTEN

44. *Les Armées d'Europe représentées en groupes characteristiques*... couverture et 20 pl. (France) *coloriées*. Rare.

GREEN (V.)

45. A Dutch School, d'après J. Steen, 1772. Belle épreuve. Encadrée.

KOBELL (d'après W.)

46. Tableau Général de l'Infanterie Française — Tableau Général de la Cavallerie Française. Deux pl. par Rahl, se faisant pendants. Belles épreuves, *coloriées*.

LAMI (Eugène)

47. Collection des Armes de la Cavalerie Française, en 1831, pl. 1 à 5, et 7, soit six pièces. Belles épreuves.

LE CŒUR (Louis)

48. Cérémonies et Fêtes du Sacre et Couronnement de... Napoléon 1er et de Joséphine. Suite complète de sept pièces. Très belles épreuves, *coloriées*, avec *rehauts d'or*. Collection Soulavie.

LECOMTE (Hippolyte) ?

49. Costumes Militaires Français. Neuf DESSINS aquarellés.

LEGRAS (A.) éditeur

50. Costumes Militaires Français, chromolithographies, 38 planches.

MOREAU LE JEUNE et LE PAON (d'après)

51. Vue de la Plaine des Sablons — Revue de la maison du Roi, au trou d'Enfer. Deux pl. par Malbeste et Le Bas (plis et petites cassures).

NAPOLÉON Ier (Est. relatives à)

52. Napoléon 1er, par Mayer, d'après Lampe. Épreuve encadrée.

53. La Veillée d'Austerlitz — Le Songe. Deux pièces, la seconde, d'après H. Vernet. Belles épreuves, *avant la lettre*. Encadrées.

OLIVIER (d'après B.)

54. Deux vues de l'Ile Barbe, par Martini et Le Bas. Belles épreuves (légères piqûres). Encadrées.

RAFFET (A.)

55. Artillerie légère en action (65 R) — Manœuvre à la prolonge (68 R) — Vive la République! (357) — Mon Empereur c'est la plus cuite (359) — L'Œil du Maître (372) — Charge de Hussards républicains (374) — Vive l'Empereur!!! (389) — Secourez la vivandière (392). Huit pièces. Belles épreuves.

56. Retraite du bataillon Sacré, à Waterloo (80 R.). Très belle épreuve.

57. Combat d'Oued-Alleg (82). Belle épreuve sur chine.

58. Le Drapeau du 17e léger (83) — Le Colonel du 17e léger (7). Deux pièces. Belles épreuves sur chine. Encadrées.

59. Le Réveil (85). Belle épreuve sur chine.

60. Napoléon, affiche pour *Norvins* (122 R.). Très belle épreuve sur chine.

61. Infanterie polonaise marchant à l'ennemi (161). Belle épreuve.

62. Catalans sur la Rambla (172) — Frontispices des Albums (338, 351, 377, 417) — Cinq Mai! (780) — Le Défilé nocturne (781) — Le Cri de Waterloo (782). Huit pièces.

63. Pièces relatives à Napoléon 1er (329, 340, 344, 345, 358, 381, 386, 388, 414, 423 et 425). Onze pièces, la plupart en belles épreuves.

64. Abordez l'ennemi... (396) — La Consigne (406) — Italie (410) — L'Ennemi ne se doute pas... (411) — L'Homme du Peuple (412) — Demi-bataillon... (418) — Bautzen (420) — A ce jeu-là... (427). Huit pièces. Belles épreuves.

65. La Revue nocturne (429). Belle épreuve, rognée. On y a joint une épreuve *avant la lettre*, du même sujet, gravé par Ch. Colin. Deux pièces.

66. Garde Royale (461-478). Suite incomplète des pl. 6, 10 et 20 (les pl. 6 et 10 en copies), plusieurs sont en double. Ensemble 23 pl. *coloriées*.

67. La même série, pl. 1 à 5, 7, 9, 11, 12, 18 et 19, soit onze pl. en noir, de la coll. Giacomelli.

68. *Collection des costumes militaires de l'armée, de la marine et de la garde nationale française, depuis août 1830* (479-497). 28 pl. (manque 5 pl.). Belles épreuves de la collection Giacomelli.

69. Costumes Militaires (431 à 434, 436, 437, 439, 446, 447, 460, 481, 482 B, 484 et 498). Quinze pl., la plupart en belles épreuves, *coloriées*.

70. Costumes Militaires, 37 pl. par et d'après Raffet, *coloriées*.

71. Napoléon Ier et la Garde Impériale, 22 pl. par Colin (14 *avant la lettre*).

72. Sujets divers extraits des *Albums*. Trente pièces. Belles épreuves.

73. Sujets divers extraits des *Albums*. Trente-quatre pièces. Belles épreuves.

74. Scènes militaires extraites des *Albums*. Vingt-quatre pièces, la plupart en belles épreuves.

75. Sujets divers et Portraits. Vingt pièces, la plupart en belles épreuves.

RÉVOLUTION DE 1830

76. Rambouillet, 2 août 1830, épreuve de la collection Giacomelli.

VERNET (Carle)

77. Costumes Militaires Français — Suite de chevaux. Ensemble 30 pl. en partie *coloriées*. Belles épreuves.

VERNET (H.)

78. La Vie d'un soldat. Suite de 5 pl. Belles épreuves.

79. *Album Lithographique, par Horace Vernet, Paris, Delpech, s. d.* 57 pl. en 1 alb. in-4 obl. cart.

VERNET (d'après H.)

80. Recueils de chevaux en tous genres, par Levachez, pl. 7 à 12, 22, 27, 28, 30 et 33, soit onze pièces relatives aux costumes militaires. Belles épreuves, *coloriées.*

81. La dernière Revue, par Jazet. Belle épreuve. Encadrée.

VERNIER (Ch.)

82. Costumes militaires des différentes Nations, 4 pl. — Costumes de l'Armée Française (formant suite), 66 pl. (nos 1 à 66), soit ensemble 70 pièces. Très belles épreuves, *coloriées.*

WEST (d'après Benjamin)

83. Agrippine, par Earlom, 1776. Belle épreuve. Encadrée.

DIVERS

84. Estampes relatives à Napoléon 1er et aux uniformes militaires, 9 pl. gr. in-fol. d'ap. H. Vernet, A. de Neuville, etc.

85. Sujets divers et Payages, 130 pl. extraites de l'*Album de l'Alliance des Arts*.

86. La Garde Impériale, par de Moraine, d'après Massé — La Garde meurt, par Bellangé — Hussards, 3 planches, par Lalaisse. Ensemble 5 pièces encadrées ou sous-verre.

87. Solitude, par Lowry, d'ap. G. Poussin, 1786. Belle épreuve. Encadrée.

88. Sous ce numéro, il sera vendu en lots, environ 650 pièces, scènes militaires, de genre, etc.

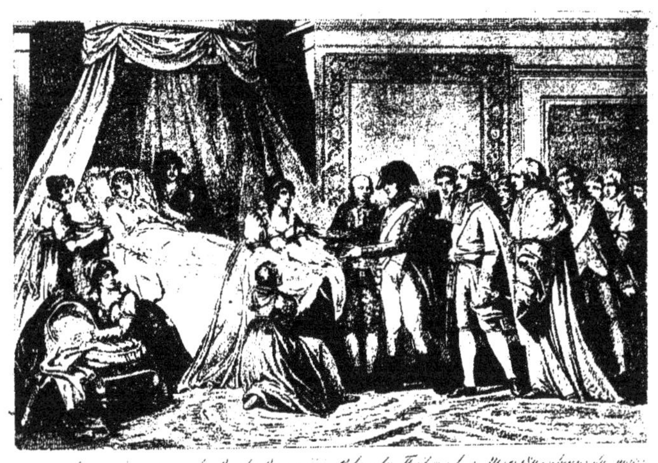

N° 153 du Catalogue.

DEUXIÈME PARTIE

ESTAMPES RELATIVES
à la
RÉVOLUTION et au PREMIER EMPIRE

ALIX (P. M.)

89. Voltaire (Dédié à Belle et Bonne...). Belle épreuve, *imp. en couleurs*. On y a joint un dessin d'après cette gravure.

90. Diderot. Très belle épreuve, *imp. en couleurs*, avec cache-lettre.

91. Charlotte Corday. Bonne épreuve, *impr. en couleurs.*

92. Michel Lepelletier (de St Fargeau) d'apr. Garnerey. Belle épreuve, *imp. en couleurs.*

93. Bailly — Abbé de Condillac — Dalembert — Lavoisier — Mably — Malesherbes. Six pièces, *imp. en couleurs* (manquent un peu de conservation).

94. Pie VII, d'apr. J. B. Wicar. Belle épreuve, *imp. en couleurs.*

AMÉRIQUE (Est. relatives à l')

95. Franklin, en pied, assis, par Née, d'après Carmontelle. Très belle épreuve.

96. Le Général Washington, par Le Mire, d'apr. Le Paon. Belle épreuve (doublée et remargée).

97. Le Tombeau de Voltaire, par Macret, d'apr. Denon — La Fayette, par Le Vachez — Franklin — The Tea-Tax Tempest, etc. Huit pièces.

BRICEAU (Angélique)

98. H^r Gal Victor Riquetti Mirabeau, 1791. Très belle épreuve, *imp. en couleurs.* Rare.

CARICATURES

99. Caricatures relatives à la Révolution, au 1er Empire et à la Restauration. Vingt-cinq pièces.

CHRÉTIEN et QUENEDEY

100. Reine de Prusse — Mirabeau — Chalier — J. J. Rousseau — Mme Roland, etc. Sept pièces. Très belles épreuves.

COPIA (L.)

101. Marat mort, d'après L. David. Superbe et rare épreuve, *avant la légende* en marge.

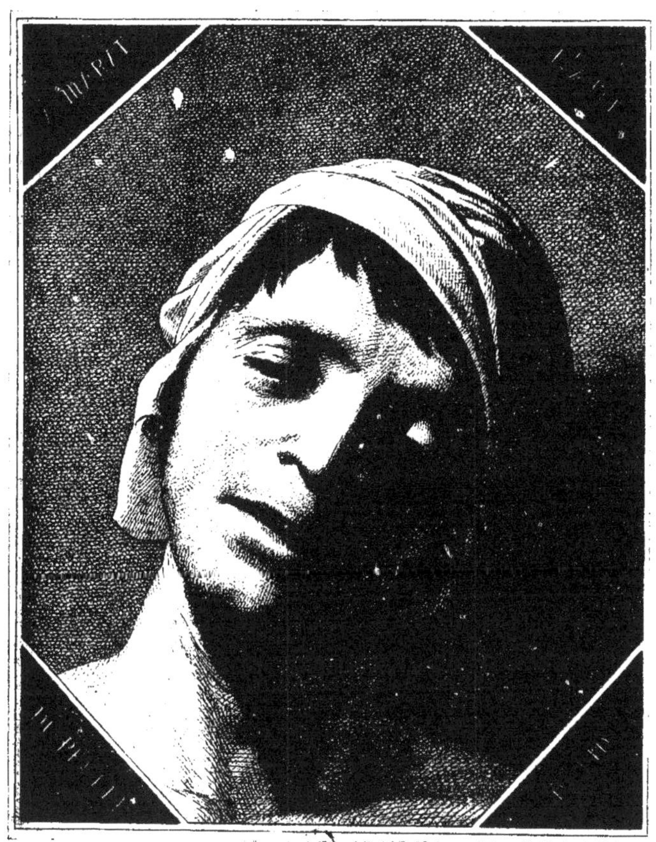

N° 101 du Catalogue.

102. Le Maréchal ferrant de la Vendée, d'apr. Sablet. Très belle épreuve, *avant la lettre*.

COSTUMES — SCÈNES DE MŒURS

103. Le Pâris Parisien (*Les Folies du Jour*, n° 1) — L'Ancien et le Nouveau. Deux pièces.

104. *Ils ont été, ils sont, ils seront* (Satyre sur les Costumes), 1802. Très belle épreuve.

105. Réunion Gastronomique (chez Martinet) — Le Déjeuner. Deux pièces.

DEBUCOURT (P. L.)

106. Réception du Décret du 18 Floréal, par A. Legrand (M. F. 44). Très belle épreuve.

107. Les Visites (65). Belle épreuve (sans marges sur 3 côtés).

DESRAIS (d'après C. L.)

108. Agricola Viala, par Pitou. Superbe épreuve, *imp. en couleurs*, toutes marges.

109. Marat — Le Pelletier de St Fargeau. Deux pièces, par « la Cite Montaland ». Très belles épreuves, tirées en plusieurs tons, à toutes marges.

ESNAUTS et RAPILLY (chez)

110. *Dédiés à la Nation* (Louis XII, Louis XVI, Henri IV, Necker, en médaillons). Belle épreuve, *tirée en 2 tons.*

FRANC-MAÇONNERIE

111. *La Désolation des entrepreneurs modernes...... ou Destruction de l'Ordre Céleste de la Maçonnerie.* Belle épreuve. Rare.

GAUCHER (C. S.)

112. Louis XVI, *Médaille des Electeurs réunis en 1789* (P. et B. 104). Très belle épreuve. Très rare.

GUERAIN (d'après)

113. Le Trente un, ou la maison de prêts sur nantissement, par L. Darcis. Belle épreuve.

HUET (J. B.)

114. La Désolation des filles de joie. Belle épreuve, *avant toute lettre.* 13

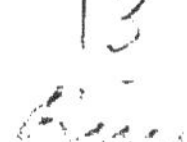

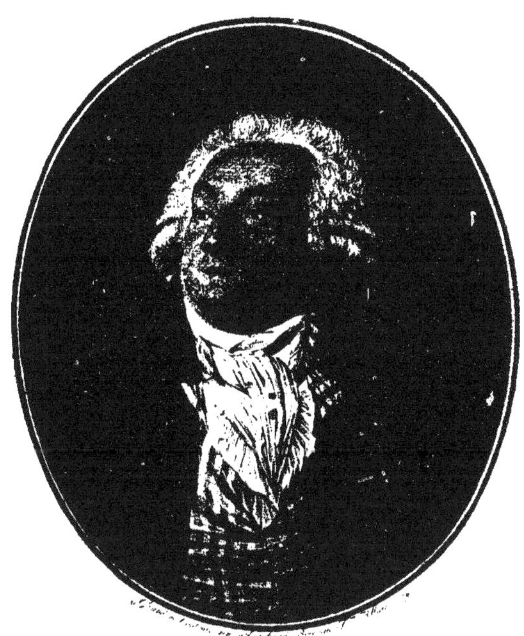

N° 98 du Catalogue.

INCROYABLES (Estampes sur les)

115. L'Anglomane, par Darcis, d'apr. C. Vernet. Belle épreuve. 42

116. Les Impayables au Péron. Petite pl. de forme ronde. Deux belles épreuves.

117. Les Incroyables — Les Merveilleuses. Deux petites pl. de forme ronde. Très belles épreuves. Rares.

118. Ma pa'ole d'honneur on me le paiera — Les Inconcevables. Deux petites pl. de forme ronde. Belles épreuves, *coloriées* (sans marges).

119. *Quoy a pied... — Eh mais c'est impossible...* Deux petites pl. de forme ronde. Très belles épreuves.

120. Départ des Remplacés — Arrivée des Remplaçans. Deux planches se faisant pendants. Belles épreuves, toutes marges.

121. L'Inconvénient des perruques (rognée) — Aristide et Brise scellé — La Danse des Croyables du Tems Passé — La Folie du Jour. Quatre pièces.

122. *L'Anarchiste... — Aristide et Brise Scellé — Les Croyables au tripot — Les Croyables au Péron — Tiens bien ton Bonnet... — Ah ! qu'il est donc drôle!* Six pièces (4 sans marges ou rognées).

LAGARDETTE FILS

123. *Hotel de la Liberté, Présenté à Monsieur le Marquis de La Fayette.* Très belle épreuve, *coloriée.*

LOUIS XVI et la FAMILLE ROYALE

124. Au Roi, par N. Le Mire, d'apr. Moreau le Jeune. Belle épreuve.

125. L'Espoir de la France, par Vérité, d'apr. N. Trevisiani. Bonne épreuve, *imp. en couleurs.*

126. Louis XVI se rendant à l'Assemblée Nationale, allégorie par Pfeiffer. Superbe épreuve.

127. *Discours du Roi, Prononcé le 5 Mai 1789... aux Etats Généraux,* imprimé sur soie et orné des portraits de Louis XVI et de Marie-Antoinette. Rare.

128. La Régénération de la Nation Françoise en 1789, par Bance, d'après Durvy et Geoffroy. Très belle épreuve, *tirée en bistre.*

129. Journée du 10 Août 1792. Deux pièces *avant la lettre.*

130. Louis XVI — Marie-Antoinette. Cinq pièces par Louvion, Schenker, A. Gabrielli et anonymes, la plupart en belles épreuves.

131. MARIE-ANTOINETTE : Exécution de Marie-Antoinette par Vinkles et Vridag, *av^t la l.* — Allégorie — Louis XVI, Marie-Antoinette et le Dauphin sur une pyramide, 2 pl. — Portraits par Levachez, etc. — Que faites-vous ma fille — Mea Culpa. Neuf pièces.

132. Constitution Française (Louis XVI), par A. de St Aubin — Le pacte National, par Le Clerc — Le Nouveau Calvaire — Louis XVI, roi d'un peuple libre — Louis le faux. Cinq pièces,

133. Portraits et scènes relatives à Louis XVI et à Marie-Antoinette. Vingt pièces par divers artistes.

134. Testaments de Louis XVI et de Marie-Antoinette. Six pièces.

135. Le Dauphin. Trois pièces par Canu et un anonyme.

136. Louis Dix Sept — Marie Therèse Charlotte. Deux pl. par Citalis, d'ap. J. Mieris se faisant pendants. Belles épreuves tirées en *plusieurs tons*, se faisant pendants. Rares.

137. Translation à St Denis, des Corps de Louis XVI et de Marie Antoinette (chez Hocquart). Belle épreuve, *coloriée.*

LOUVION — DARCIS — GIBELIN

138. *Le Neuf Thermidor ou la Surprise angloise — L'Ordre et la marche des Puissances coalisées contre la France — La Morale sans réplique — L'Unisson — La Coalition.*

MESMERISME

139. *Le Baquet de Mr Mesmer.* Belle épreuve, *coloriée.*

MOREAU LE JEUNE (d'après J. M.)

140. Réception de Mirabeau (par Franklin) aux Champs-Elysées, par Masquelier. Epreuve à *l'état d'eau-forte* (sans marges).

NAPOLÉON Ier et la FAMILLE IMPÉRIALE

141. Bonaparte, portrait formé par des lettres, par Deschamps. Très belle épreuve, *coloriée,* Rare.

142. Napoléon le Grand, par L. C. Ruotte, d'ap. R. Le Fèvre. Très belle épreuve, *imp. en plusieurs tons et coloriée.*

143. *Le Génie de la Guerre donne son plan contre l'Angleterre,* par J. Maillet. Belle épreuve. Rare.

144. L'Echarpe tricolore donnée par Bonaparte à un Bey d'Egypte — Buonaparte couronné par la Victoire — Demande en Mariage de Marie-Louise — Baptême du Roi de Rome — Ire Entrevue de Napoléon et d'Alexandre Ier. Cinq pièces (3 *coloriées*).

145. *Vue du Trône élevé dans l'Eglise de N. D. de Paris pour le Sacre de Napoléon Ier...* Très belle épreuve, *coloriée.*

146. *Les Graces attachent des Guirlandes au Buste de l'Impératrice Joséphine.* (A Paris, chez Noël). Très belle épreuve, *coloriée.*

147. Entrée triomphale de Napoléon le Grand, dans la ville de Berlin, par Garbizza. Bonne épreuve.

148. Marie Louise, Napoléon le Grand, *dessiné d'après nature à Vienne par Vyzerman.* Très belle épreuve. Rare.

149. Marie-Louise, par Mécou, d'ap. Isabey. Belle épreuve.

150. Marie Louise d'Autriche, par Benoist jeune, d'apr. A. Vigoureux. Très belle épreuve *tirée en deux tons* et *coloriée*. Rare.

151. Marie-Louise d'Autriche, par Tassaert, d'après Desrais. Belle épreuve. Rare.

152. Naissance du Roi de Rome : *La France présente à Rome, son Roi, né à Paris le 20 mars 1811* — *L'Hymen et Lucira... présente a la France l'Enfant...* Deux pièces (chez la Vve Chéreau). Très belles épreuves *coloriées*.

153. *Cérémonial de l'acte de naissance du Roi de Rome, né au Palais des Thuileries...* (chez la Vve Chereau). Très belle épreuve.

154. *L'enfance du Roi de Rome... Madame sa Nourrice ... Berceau offert par la Ville de Paris...* (Chez la Vve Chereau). Très belle épreuve.

155. S. M. le Roi de Rome (dans une gloire), par Goulu. Belle épreuve. Très rare.

156. le Roi de Rome (Duc de Reichstadt). Dix pièces par Mecou, A. Fox, Hopwood, etc.

157. François, Duc de Reichstadt, par Steinmuller, d'ap. J. Ender, (Vienne, chez Artaria). Belle épreuve.

158. Portraits, sujets divers, allégories. 10 pl. par A. Legrand, d'ap. Debucourt, Benoist, Charon, plusieurs *coloriées*.

159. *Balance des Puissances de l'Europe* — *National contrasts or Bulky and Boney* — *Arrivée du duc de Cambridge...* — *Messieurs avec quels Rasoirs...* — *Le Génie de la France...* — *Le Volant Corse...* — *A Scène in the Island of Elba*. Sept pièces.

160. Portraits et sujets relatifs à Napoléon 1er. Trente-cinq pièces.

161. Bonaparte sous le costume Corse, par Vigny — Napoléon sur son lit de mort — Napoléon 1er et Joséphine, à cheval, dessins aquarellés, 1814. — Louis Napoléon — Joséphine, par De Launay — Les trois Consuls, pl. en forme d'éventail. Sept pièces. Belles épreuves.

162. Portraits, scènes, caricatures, 20 pl. relatives à Napoléon 1er et la Famille Impériale.

NICOLLE (V).

163. Vue extérieure et perspective de la salle préparée par la Ville de Paris, pour les Festes donné à leurs Majestés à l'occasion de la Naissance... du Dauphin, le 21 janvier 1782 — Vue perspective du feu d'artifice tiré... à l'occasion de la Naissance... du Dauphin, le 21 janvier 1782. Deux pl. se faisant pendants. Très belles épreuves, *tirées en bistre.*

PORTRAITS

164. Necker — Marie-Thérèse Charlotte, par Audouin — Marie Louise, par Coqueret. Quatre pièces. Belles épreuves.

165. Malerherbes — Masséna, Cambacères, Le Brun, Berthier, par Levachez — Philippe, duc d'Orléans, par A. de St Aubin — Lavoisier — Cléry, par Audinet, 1796 — Latude, par Vestier. Six pièces. Belles épreuves.

166. Louis XVI — Cagliostro (Cte de) — Pichegru — Mirabeau — Marie Thérèse Charlotte — A. Viala — Le Pelletier St Fargeau. Huit pièces par Marcuard, Coqueret, Beisson, etc.

167. Louis XVIII et la Famille Royale, 15 pl. par Jazet, Alix, A. Freschi, A. Legrand, etc.

QUEVERDO (F. M.)

168. Charlotte Corday, d'apr. Queverdo. Belle épreuve, *imp. en couleurs.*

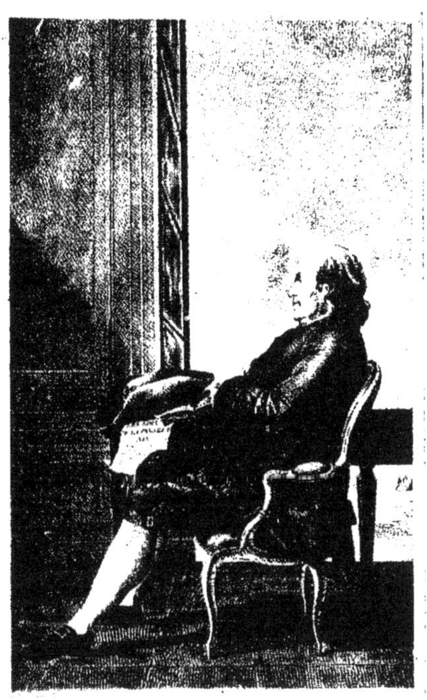

N° 95 du Catalogue.

RÉVOLUTION (Estampes relatives à la)

169. *Vue de la Procession des Etats Généraux, à Versailles le 4 mai 1789.* Très belle épreuve, *tirée en bistre.*

170. *Nom de MM. les Députés de la Ville de Paris....* par Guyot. Belle épreuve, *coloriée.*

171. Soirée du 30 Juin 1789 (par Levachez ?). Belle épreuve.

172. La Bastille, 3 pl. — Vue des travaux du Champ de Mars... le 12 juillet 1790. Ensemble cinq pièces.

173. *Cupidon, Tambour Major Nationale*, Chanson relative à Louis XVI et à La Fayette, publiée par Driancourt, rue du foin. Très belle épreuve. Très rare.

174. *Cérémonie funèbre en l'honneur du Général Hoche,... 10 Vendémiaire au VI*, par Girardet et L'Epine. Très belle épreuve.

175. *Changez moi cette Tête.* Belle épreuve, *tirée en bistre.*

176. *Fait historique arrivé à Avignon.* Bonne épreuve. Rare.

177. La Fayette (en prison). In-fol. Bonne épreuve. Rare.

178. Mort de Jean Paul Marat, par Schiavonetti. Epreuve *tirée en bistre*, toutes marges.

179. *Charlotte Corday. Dessinée d'après Nature.* De forme ovale. Très belle épreuve, *imp. en couleurs* (déchirure). Très rare.

180. Charlotte Corday. Quatre pièces par Mariage, Levachez, Basset jeune et un anonyme. Belles épreuves, une *coloriée.*

181. Assassinat de Michel Le Pelletier, par Brion. Belle épreuve, *imp. en couleurs*, avec *rehauts.*

182. Charrette. Deux très belles épreuves *d'état différent*, sans aucune lettre.

183. Le Temple. Deux pièces in-fol. et in-4°.

183 *bis*. Allégories en l'Honnenr de Necker. Neuf pièces par Guyot, Borel, etc., une *avant lalettre*.

183 *ter*. *Il faut donc Mourir..*—*L'Onguent National*—*L'Optique naturelle et Artificielle...* — *Cocarde royale et de la Liberté* — Déclaration des droits de l'Homme — Convoi de très haut .. seigneur des Abus. Six pièces.

184. *Les Affections de tout bon Français* — Directoire Exécutif, par B. Roger — En têtes de papiers officiels — Congé absolu, par Godefroy, d'apr. C. Vernet. — Allégorie. Huit pièces. Belles épreuves.

185. Grande Armée du cidev[t] Prince de Condé — La Contre Révolution — Les Réfractaires allant à la Terre promise — Envoi d'un Supplément d'Armée au ci-devant Prince de Condé — Les Loups faisant la paix avec les brebis — Les Formes acerbes — Ah ! le maudit sort — Ah le bel Enfant — L'Huitre d'honneur d'Arras gobbée. Neuf pièces, la plupart en belles épreuves.

186. Son Exellence M. la Baronne de Korf — Le Jeune Barra — Nouvelle Monnaie décrétée par l'Assemblée nationale, 1791 — Carte de la Section de Guillaume Tell — Paris, plan de sections, 4 pl. — Fédération du 14 juillet 1790. Ensemble 10 pl. la plupart *imp. en couleurs* ou *coloriées*.

187. *Mr Artuce* — *L'Abbé revenant du Pays des Lanternes* — *Chantons... la Réunion des Trois-Ordres.* — *M.·.r L'Ane comme il n'y en a point* — *A Lon M[r] le Marquis...* — *Oui vous êtes nos amis...* — *(Le Char des 3 ordres)* — *Garre aux Fauxpas* — *Mieux vaut tard...* — *Trois Têtes....* Dix pièces.

188. *Segur traité Comme il le Mérite* — *Digestion de la Constitution* — *Halte la, les Monstres* — *Grand Combat à mort* — *La Bascule patriotique*

— *La Balance de Thémis* — *La Graine de niais* — *L'Armée de Ligne* — *Le pouvoir Exécutif...* — *La Législateur la Résource* — *La pelle et les sabots...* Onze pièces gravées au lavis. Belles épreuves.

189. *Quelle proportion !* — *Il est pris* — *La Cause des Rois* — *Le Roi Janus...* — *La Grande Colère de Capet l'aîné...* — *Les Jacobins lavent leurs confrères...* — *Le Guerrier constitutionnelle* — *Recrue patriotique allant à la Guerre...* — *Héritiers de la Constitution.* — *J'ai écarté les Cœurs...* — *D'un tas de fumier...* Douze pièces Belles épreuves (plusieurs *coloriées*).

189 *bis*. Figures allégoriques : Patrone des Français — La Liberté — L'Egalité — La Force — La République triomphante — Le Triomphe des Victoires républicaines — La France Républicaine. Quatorze pièces (5 *imp. en couleurs*).

189 *ter*. Liberté — La Nature — Egalité — République, toute la République — Le Triomphe de la Liberté, etc. Dix-sept pièces (plusieurs *imp. en couleurs* ou *coloriées*).

190. Allégories, Portraits, etc. 20 pièces.

191. Costumes civils et militaires, 15 pl. par Bonneville, Denon, etc. plusieurs *avant la lettre*. Belles épreuves (7 coloriées).

192. Assignats et papiers-monnaie, 46 pièces.

193. Portraits : Marat — Lepelletier St Fargeau — Mlle d'Oliva — C[al] de Rohan — Marat — Robespierre — Turgot — Mirabeau, etc., 28 pièces.

193 *bis*. Portraits de personnages divers. Vingt-cinq pièces.

194. Portraits de souverains et généraux étrangers : Russie — Allemagne — Autriche. 12 pl. par Morret, Jazet, Lignon, etc., la plupart en belles épreuves.

195. Scènes de la Révolution et de l'Empire. Quinze pièces, plusieurs rares (quelques-unes manquent de conservation).

ROUSSEAU et à VOLTAIRE (Est. relatives à)

196. Allégories, portraits, etc. 11 pl. relatives à J. J. Rousseau, par Alix, Queverdo, Dupin, etc.

196 *bis*. Allégories, portraits, etc. 26 pl. relatives à Voltaire, par Duplessis, Huber, Née, Miger, etc.

SERGENT (A. F.)

197. Necker, d'apr. J. S. Duplessis. Très belles épreuves, *impr. en couleurs*. On y a joint le prospectus d'édition.

198. Funérailles du Général Marceau. Epreuve à l'état d'eau-forte (sans marges).

SERGENT et LEVACHEZ

199. De Clermont Tonnerre — V. de Broglie — Vte de Beauharnois — Brillat Savarin — J. F. Maury — Abbé Syeyes — Boissy d'Anglas — Dumouriez — Le Chapellier — C. F. Bouche. Dix pièces, la plupart en belles épreuves.

VICTOIRE (d'après E.)

200. Quel est le plus heureux ?, par Mme Le Febvre. Belle épreuve.

VOITURES

201. *Ce que j'étois — Ce que je suis — Ce que je devrois être*. Deux pl. se faisant pendants. Belles épreuves.

202. *Abus à supprimé...*, par Dessal — *Départ des trois Ordres pour Versailles*. Deux pièces, *coloriées*.

FRAZIER-SOYE

GRAVEUR-IMPRIMEUR

153-155-157, Rue Montmartre

PARIS

www.ingramcontent.com/pod-product-compliance
Ingram Content Group UK Ltd.
Pitfield, Milton Keynes, MK11 3LW, UK
UKHW022142260726
13993UKWH00005B/2111

9 782329 520223